PERSONAL BOWLING SCORE BOOK

OWNER

START

Date
Handicap
Average

END

Date
Handicap
Average

TOP SCORE

1	2	3	4	5	6	7	8	9	10

Date
Handicap
Average

Lane
Ball

Notes:

Score Sheet

1	2	3	4	5	6	7	8	9	10

Notes:

1	2	3	4	5	6	7	8	9	10

Notes:

1	2	3	4	5	6	7	8	9	10

Notes:

1	2	3	4	5	6	7	8	9	10

Notes:

1	2	3	4	5	6	7	8	9	10

Notes:

Date
Handicap
Average

Lane
Ball

Notes:

1	2	3	4	5	6	7	8	9	10

Notes:

1	2	3	4	5	6	7	8	9	10

Notes:

1	2	3	4	5	6	7	8	9	10

Notes:

1	2	3	4	5	6	7	8	9	10

Notes:

1	2	3	4	5	6	7	8	9	10

Notes:

Date
Handicap
Average

Lane
Ball

Notes:

1	2	3	4	5	6	7	8	9	10

Notes:

1	2	3	4	5	6	7	8	9	10

Notes:

1	2	3	4	5	6	7	8	9	10

Notes:

1	2	3	4	5	6	7	8	9	10

Notes:

1	2	3	4	5	6	7	8	9	10

Notes:

Date
Handicap
Average

Lane
Ball

Notes:

	1	2	3	4	5	6	7	8	9	10
	⑦⑧⑨⑩ ④⑤⑥ ②③ ①	⑦⑧⑨⑩ ④⑤⑥ ②③ ①	⑦⑧⑨⑩ ④⑤⑥ ②③ ①	⑦⑧⑨⑩ ④⑤⑥ ②③ ①	⑦⑧⑨⑩ ④⑤⑥ ②③ ①	⑦⑧⑨⑩ ④⑤⑥ ②③ ①	⑦⑧⑨⑩ ④⑤⑥ ②③ ①	⑦⑧⑨⑩ ④⑤⑥ ②③ ①	⑦⑧⑨⑩ ④⑤⑥ ②③ ①	⑦⑧⑨⑩ ④⑤⑥ ②③ ①

Notes:

	1	2	3	4	5	6	7	8	9	10
	⑦⑧⑨⑩ ④⑤⑥ ②③ ①	⑦⑧⑨⑩ ④⑤⑥ ②③ ①	⑦⑧⑨⑩ ④⑤⑥ ②③ ①	⑦⑧⑨⑩ ④⑤⑥ ②③ ①	⑦⑧⑨⑩ ④⑤⑥ ②③ ①	⑦⑧⑨⑩ ④⑤⑥ ②③ ①	⑦⑧⑨⑩ ④⑤⑥ ②③ ①	⑦⑧⑨⑩ ④⑤⑥ ②③ ①	⑦⑧⑨⑩ ④⑤⑥ ②③ ①	⑦⑧⑨⑩ ④⑤⑥ ②③ ①

Notes:

	1	2	3	4	5	6	7	8	9	10
	⑦⑧⑨⑩ ④⑤⑥ ②③ ①	⑦⑧⑨⑩ ④⑤⑥ ②③ ①	⑦⑧⑨⑩ ④⑤⑥ ②③ ①	⑦⑧⑨⑩ ④⑤⑥ ②③ ①	⑦⑧⑨⑩ ④⑤⑥ ②③ ①	⑦⑧⑨⑩ ④⑤⑥ ②③ ①	⑦⑧⑨⑩ ④⑤⑥ ②③ ①	⑦⑧⑨⑩ ④⑤⑥ ②③ ①	⑦⑧⑨⑩ ④⑤⑥ ②③ ①	⑦⑧⑨⑩ ④⑤⑥ ②③ ①

Notes:

	1	2	3	4	5	6	7	8	9	10
	⑦⑧⑨⑩ ④⑤⑥ ②③ ①	⑦⑧⑨⑩ ④⑤⑥ ②③ ①	⑦⑧⑨⑩ ④⑤⑥ ②③ ①	⑦⑧⑨⑩ ④⑤⑥ ②③ ①	⑦⑧⑨⑩ ④⑤⑥ ②③ ①	⑦⑧⑨⑩ ④⑤⑥ ②③ ①	⑦⑧⑨⑩ ④⑤⑥ ②③ ①	⑦⑧⑨⑩ ④⑤⑥ ②③ ①	⑦⑧⑨⑩ ④⑤⑥ ②③ ①	⑦⑧⑨⑩ ④⑤⑥ ②③ ①

Notes:

	1	2	3	4	5	6	7	8	9	10
	⑦⑧⑨⑩ ④⑤⑥ ②③ ①	⑦⑧⑨⑩ ④⑤⑥ ②③ ①	⑦⑧⑨⑩ ④⑤⑥ ②③ ①	⑦⑧⑨⑩ ④⑤⑥ ②③ ①	⑦⑧⑨⑩ ④⑤⑥ ②③ ①	⑦⑧⑨⑩ ④⑤⑥ ②③ ①	⑦⑧⑨⑩ ④⑤⑥ ②③ ①	⑦⑧⑨⑩ ④⑤⑥ ②③ ①	⑦⑧⑨⑩ ④⑤⑥ ②③ ①	⑦⑧⑨⑩ ④⑤⑥ ②③ ①

Notes:

Date
Handicap
Average

Lane
Ball

Notes:

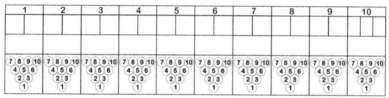

Date
Handicap
Average

Lane
Ball

Notes:

1	2	3	4	5	6	7	8	9	10	
7 8 9 10 / 4 5 6 / 2 3 / 1	7 8 9 10 / 4 5 6 / 2 3 / 1	7 8 9 10 / 4 5 6 / 2 3 / 1	7 8 9 10 / 4 5 6 / 2 3 / 1	7 8 9 10 / 4 5 6 / 2 3 / 1	7 8 9 10 / 4 5 6 / 2 3 / 1	7 8 9 10 / 4 5 6 / 2 3 / 1	7 8 9 10 / 4 5 6 / 2 3 / 1	7 8 9 10 / 4 5 6 / 2 3 / 1	7 8 9 10 / 4 5 6 / 2 3 / 1	

Notes:

1	2	3	4	5	6	7	8	9	10	
7 8 9 10 / 4 5 6 / 2 3 / 1	7 8 9 10 / 4 5 6 / 2 3 / 1	7 8 9 10 / 4 5 6 / 2 3 / 1	7 8 9 10 / 4 5 6 / 2 3 / 1	7 8 9 10 / 4 5 6 / 2 3 / 1	7 8 9 10 / 4 5 6 / 2 3 / 1	7 8 9 10 / 4 5 6 / 2 3 / 1	7 8 9 10 / 4 5 6 / 2 3 / 1	7 8 9 10 / 4 5 6 / 2 3 / 1	7 8 9 10 / 4 5 6 / 2 3 / 1	

Notes:

1	2	3	4	5	6	7	8	9	10	
7 8 9 10 / 4 5 6 / 2 3 / 1	7 8 9 10 / 4 5 6 / 2 3 / 1	7 8 9 10 / 4 5 6 / 2 3 / 1	7 8 9 10 / 4 5 6 / 2 3 / 1	7 8 9 10 / 4 5 6 / 2 3 / 1	7 8 9 10 / 4 5 6 / 2 3 / 1	7 8 9 10 / 4 5 6 / 2 3 / 1	7 8 9 10 / 4 5 6 / 2 3 / 1	7 8 9 10 / 4 5 6 / 2 3 / 1	7 8 9 10 / 4 5 6 / 2 3 / 1	

Notes:

1	2	3	4	5	6	7	8	9	10	
7 8 9 10 / 4 5 6 / 2 3 / 1	7 8 9 10 / 4 5 6 / 2 3 / 1	7 8 9 10 / 4 5 6 / 2 3 / 1	7 8 9 10 / 4 5 6 / 2 3 / 1	7 8 9 10 / 4 5 6 / 2 3 / 1	7 8 9 10 / 4 5 6 / 2 3 / 1	7 8 9 10 / 4 5 6 / 2 3 / 1	7 8 9 10 / 4 5 6 / 2 3 / 1	7 8 9 10 / 4 5 6 / 2 3 / 1	7 8 9 10 / 4 5 6 / 2 3 / 1	

Notes:

1	2	3	4	5	6	7	8	9	10	
7 8 9 10 / 4 5 6 / 2 3 / 1	7 8 9 10 / 4 5 6 / 2 3 / 1	7 8 9 10 / 4 5 6 / 2 3 / 1	7 8 9 10 / 4 5 6 / 2 3 / 1	7 8 9 10 / 4 5 6 / 2 3 / 1	7 8 9 10 / 4 5 6 / 2 3 / 1	7 8 9 10 / 4 5 6 / 2 3 / 1	7 8 9 10 / 4 5 6 / 2 3 / 1	7 8 9 10 / 4 5 6 / 2 3 / 1	7 8 9 10 / 4 5 6 / 2 3 / 1	

Notes:

Date
Handicap
Average

Lane
Ball

Notes:

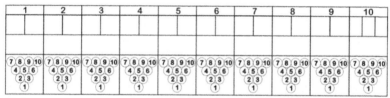

Notes:

Notes:

Notes:

Notes:

Notes:

Date
Handicap
Average

Lane
Ball

Notes:

1	2	3	4	5	6	7	8	9	10

Notes:

1	2	3	4	5	6	7	8	9	10

Notes:

1	2	3	4	5	6	7	8	9	10

Notes:

1	2	3	4	5	6	7	8	9	10

Notes:

1	2	3	4	5	6	7	8	9	10

Notes:

Date
Handicap
Average

Lane
Ball

Notes:

1	2	3	4	5	6	7	8	9	10
7 8 9 10 / 4 5 6 / 2 3 / 1	7 8 9 10 / 4 5 6 / 2 3 / 1	7 8 9 10 / 4 5 6 / 2 3 / 1	7 8 9 10 / 4 5 6 / 2 3 / 1	7 8 9 10 / 4 5 6 / 2 3 / 1	7 8 9 10 / 4 5 6 / 2 3 / 1	7 8 9 10 / 4 5 6 / 2 3 / 1	7 8 9 10 / 4 5 6 / 2 3 / 1	7 8 9 10 / 4 5 6 / 2 3 / 1	7 8 9 10 / 4 5 6 / 2 3 / 1

Notes:

1	2	3	4	5	6	7	8	9	10
7 8 9 10 / 4 5 6 / 2 3 / 1	7 8 9 10 / 4 5 6 / 2 3 / 1	7 8 9 10 / 4 5 6 / 2 3 / 1	7 8 9 10 / 4 5 6 / 2 3 / 1	7 8 9 10 / 4 5 6 / 2 3 / 1	7 8 9 10 / 4 5 6 / 2 3 / 1	7 8 9 10 / 4 5 6 / 2 3 / 1	7 8 9 10 / 4 5 6 / 2 3 / 1	7 8 9 10 / 4 5 6 / 2 3 / 1	7 8 9 10 / 4 5 6 / 2 3 / 1

Notes:

1	2	3	4	5	6	7	8	9	10
7 8 9 10 / 4 5 6 / 2 3 / 1	7 8 9 10 / 4 5 6 / 2 3 / 1	7 8 9 10 / 4 5 6 / 2 3 / 1	7 8 9 10 / 4 5 6 / 2 3 / 1	7 8 9 10 / 4 5 6 / 2 3 / 1	7 8 9 10 / 4 5 6 / 2 3 / 1	7 8 9 10 / 4 5 6 / 2 3 / 1	7 8 9 10 / 4 5 6 / 2 3 / 1	7 8 9 10 / 4 5 6 / 2 3 / 1	7 8 9 10 / 4 5 6 / 2 3 / 1

Notes:

1	2	3	4	5	6	7	8	9	10
7 8 9 10 / 4 5 6 / 2 3 / 1	7 8 9 10 / 4 5 6 / 2 3 / 1	7 8 9 10 / 4 5 6 / 2 3 / 1	7 8 9 10 / 4 5 6 / 2 3 / 1	7 8 9 10 / 4 5 6 / 2 3 / 1	7 8 9 10 / 4 5 6 / 2 3 / 1	7 8 9 10 / 4 5 6 / 2 3 / 1	7 8 9 10 / 4 5 6 / 2 3 / 1	7 8 9 10 / 4 5 6 / 2 3 / 1	7 8 9 10 / 4 5 6 / 2 3 / 1

Notes:

1	2	3	4	5	6	7	8	9	10
7 8 9 10 / 4 5 6 / 2 3 / 1	7 8 9 10 / 4 5 6 / 2 3 / 1	7 8 9 10 / 4 5 6 / 2 3 / 1	7 8 9 10 / 4 5 6 / 2 3 / 1	7 8 9 10 / 4 5 6 / 2 3 / 1	7 8 9 10 / 4 5 6 / 2 3 / 1	7 8 9 10 / 4 5 6 / 2 3 / 1	7 8 9 10 / 4 5 6 / 2 3 / 1	7 8 9 10 / 4 5 6 / 2 3 / 1	7 8 9 10 / 4 5 6 / 2 3 / 1

Notes:

Date

Handicap

Average

Lane

Ball

Notes:

1	2	3	4	5	6	7	8	9	10

Notes:

1	2	3	4	5	6	7	8	9	10

Notes:

1	2	3	4	5	6	7	8	9	10

Notes:

1	2	3	4	5	6	7	8	9	10

Notes:

1	2	3	4	5	6	7	8	9	10

Notes:

Date
Handicap
Average

Lane
Ball

Notes:

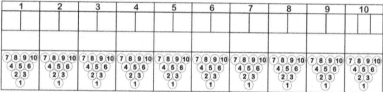

Notes:

Notes:

Notes:

Notes:

Notes:

Date
Handicap
Average

Lane
Ball

Notes:

1	2	3	4	5	6	7	8	9	10

Notes:

1	2	3	4	5	6	7	8	9	10

Notes:

1	2	3	4	5	6	7	8	9	10

Notes:

1	2	3	4	5	6	7	8	9	10

Notes:

1	2	3	4	5	6	7	8	9	10

Notes:

Date
Handicap
Average

Lane
Ball

Notes:

1	2	3	4	5	6	7	8	9	10
7 8 9 10 4 5 6 2 3 1	7 8 9 10 4 5 6 2 3 1	7 8 9 10 4 5 6 2 3 1	7 8 9 10 4 5 6 2 3 1	7 8 9 10 4 5 6 2 3 1	7 8 9 10 4 5 6 2 3 1	7 8 9 10 4 5 6 2 3 1	7 8 9 10 4 5 6 2 3 1	7 8 9 10 4 5 6 2 3 1	7 8 9 10 4 5 6 2 3 1

Notes:

1	2	3	4	5	6	7	8	9	10
7 8 9 10 4 5 6 2 3 1	7 8 9 10 4 5 6 2 3 1	7 8 9 10 4 5 6 2 3 1	7 8 9 10 4 5 6 2 3 1	7 8 9 10 4 5 6 2 3 1	7 8 9 10 4 5 6 2 3 1	7 8 9 10 4 5 6 2 3 1	7 8 9 10 4 5 6 2 3 1	7 8 9 10 4 5 6 2 3 1	7 8 9 10 4 5 6 2 3 1

Notes:

1	2	3	4	5	6	7	8	9	10
7 8 9 10 4 5 6 2 3 1	7 8 9 10 4 5 6 2 3 1	7 8 9 10 4 5 6 2 3 1	7 8 9 10 4 5 6 2 3 1	7 8 9 10 4 5 6 2 3 1	7 8 9 10 4 5 6 2 3 1	7 8 9 10 4 5 6 2 3 1	7 8 9 10 4 5 6 2 3 1	7 8 9 10 4 5 6 2 3 1	7 8 9 10 4 5 6 2 3 1

Notes:

1	2	3	4	5	6	7	8	9	10
7 8 9 10 4 5 6 2 3 1	7 8 9 10 4 5 6 2 3 1	7 8 9 10 4 5 6 2 3 1	7 8 9 10 4 5 6 2 3 1	7 8 9 10 4 5 6 2 3 1	7 8 9 10 4 5 6 2 3 1	7 8 9 10 4 5 6 2 3 1	7 8 9 10 4 5 6 2 3 1	7 8 9 10 4 5 6 2 3 1	7 8 9 10 4 5 6 2 3 1

Notes:

1	2	3	4	5	6	7	8	9	10
7 8 9 10 4 5 6 2 3 1	7 8 9 10 4 5 6 2 3 1	7 8 9 10 4 5 6 2 3 1	7 8 9 10 4 5 6 2 3 1	7 8 9 10 4 5 6 2 3 1	7 8 9 10 4 5 6 2 3 1	7 8 9 10 4 5 6 2 3 1	7 8 9 10 4 5 6 2 3 1	7 8 9 10 4 5 6 2 3 1	7 8 9 10 4 5 6 2 3 1

Notes:

Date
Handicap
Average

Lane
Ball

Notes:

1	2	3	4	5	6	7	8	9	10

Notes:

1	2	3	4	5	6	7	8	9	10

Notes:

1	2	3	4	5	6	7	8	9	10

Notes:

1	2	3	4	5	6	7	8	9	10

Notes:

1	2	3	4	5	6	7	8	9	10

Notes:

Date
Handicap
Average

Lane
Ball

Notes:

	1	2	3	4	5	6	7	8	9	10
	7 8 9 10 / 4 5 6 / 2 3 / 1	7 8 9 10 / 4 5 6 / 2 3 / 1	7 8 9 10 / 4 5 6 / 2 3 / 1	7 8 9 10 / 4 5 6 / 2 3 / 1	7 8 9 10 / 4 5 6 / 2 3 / 1	7 8 9 10 / 4 5 6 / 2 3 / 1	7 8 9 10 / 4 5 6 / 2 3 / 1	7 8 9 10 / 4 5 6 / 2 3 / 1	7 8 9 10 / 4 5 6 / 2 3 / 1	7 8 9 10 / 4 5 6 / 2 3 / 1

Notes:

	1	2	3	4	5	6	7	8	9	10
	7 8 9 10 / 4 5 6 / 2 3 / 1	7 8 9 10 / 4 5 6 / 2 3 / 1	7 8 9 10 / 4 5 6 / 2 3 / 1	7 8 9 10 / 4 5 6 / 2 3 / 1	7 8 9 10 / 4 5 6 / 2 3 / 1	7 8 9 10 / 4 5 6 / 2 3 / 1	7 8 9 10 / 4 5 6 / 2 3 / 1	7 8 9 10 / 4 5 6 / 2 3 / 1	7 8 9 10 / 4 5 6 / 2 3 / 1	7 8 9 10 / 4 5 6 / 2 3 / 1

Notes:

	1	2	3	4	5	6	7	8	9	10
	7 8 9 10 / 4 5 6 / 2 3 / 1	7 8 9 10 / 4 5 6 / 2 3 / 1	7 8 9 10 / 4 5 6 / 2 3 / 1	7 8 9 10 / 4 5 6 / 2 3 / 1	7 8 9 10 / 4 5 6 / 2 3 / 1	7 8 9 10 / 4 5 6 / 2 3 / 1	7 8 9 10 / 4 5 6 / 2 3 / 1	7 8 9 10 / 4 5 6 / 2 3 / 1	7 8 9 10 / 4 5 6 / 2 3 / 1	7 8 9 10 / 4 5 6 / 2 3 / 1

Notes:

	1	2	3	4	5	6	7	8	9	10
	7 8 9 10 / 4 5 6 / 2 3 / 1	7 8 9 10 / 4 5 6 / 2 3 / 1	7 8 9 10 / 4 5 6 / 2 3 / 1	7 8 9 10 / 4 5 6 / 2 3 / 1	7 8 9 10 / 4 5 6 / 2 3 / 1	7 8 9 10 / 4 5 6 / 2 3 / 1	7 8 9 10 / 4 5 6 / 2 3 / 1	7 8 9 10 / 4 5 6 / 2 3 / 1	7 8 9 10 / 4 5 6 / 2 3 / 1	7 8 9 10 / 4 5 6 / 2 3 / 1

Notes:

	1	2	3	4	5	6	7	8	9	10
	7 8 9 10 / 4 5 6 / 2 3 / 1	7 8 9 10 / 4 5 6 / 2 3 / 1	7 8 9 10 / 4 5 6 / 2 3 / 1	7 8 9 10 / 4 5 6 / 2 3 / 1	7 8 9 10 / 4 5 6 / 2 3 / 1	7 8 9 10 / 4 5 6 / 2 3 / 1	7 8 9 10 / 4 5 6 / 2 3 / 1	7 8 9 10 / 4 5 6 / 2 3 / 1	7 8 9 10 / 4 5 6 / 2 3 / 1	7 8 9 10 / 4 5 6 / 2 3 / 1

Notes:

Date
Handicap
Average

Lane
Ball

Notes:

1	2	3	4	5	6	7	8	9	10

Notes:

1	2	3	4	5	6	7	8	9	10

Notes:

1	2	3	4	5	6	7	8	9	10

Notes:

1	2	3	4	5	6	7	8	9	10

Notes:

1	2	3	4	5	6	7	8	9	10

Notes:

Date
Handicap
Average

Lane
Ball

Notes:

1	2	3	4	5	6	7	8	9	10
7 8 9 10 4 5 6 2 3 1	7 8 9 10 4 5 6 2 3 1	7 8 9 10 4 5 6 2 3 1	7 8 9 10 4 5 6 2 3 1	7 8 9 10 4 5 6 2 3 1	7 8 9 10 4 5 6 2 3 1	7 8 9 10 4 5 6 2 3 1	7 8 9 10 4 5 6 2 3 1	7 8 9 10 4 5 6 2 3 1	7 8 9 10 4 5 6 2 3 1

Notes:

1	2	3	4	5	6	7	8	9	10
7 8 9 10 4 5 6 2 3 1	7 8 9 10 4 5 6 2 3 1	7 8 9 10 4 5 6 2 3 1	7 8 9 10 4 5 6 2 3 1	7 8 9 10 4 5 6 2 3 1	7 8 9 10 4 5 6 2 3 1	7 8 9 10 4 5 6 2 3 1	7 8 9 10 4 5 6 2 3 1	7 8 9 10 4 5 6 2 3 1	7 8 9 10 4 5 6 2 3 1

Notes:

1	2	3	4	5	6	7	8	9	10
7 8 9 10 4 5 6 2 3 1	7 8 9 10 4 5 6 2 3 1	7 8 9 10 4 5 6 2 3 1	7 8 9 10 4 5 6 2 3 1	7 8 9 10 4 5 6 2 3 1	7 8 9 10 4 5 6 2 3 1	7 8 9 10 4 5 6 2 3 1	7 8 9 10 4 5 6 2 3 1	7 8 9 10 4 5 6 2 3 1	7 8 9 10 4 5 6 2 3 1

Notes:

1	2	3	4	5	6	7	8	9	10
7 8 9 10 4 5 6 2 3 1	7 8 9 10 4 5 6 2 3 1	7 8 9 10 4 5 6 2 3 1	7 8 9 10 4 5 6 2 3 1	7 8 9 10 4 5 6 2 3 1	7 8 9 10 4 5 6 2 3 1	7 8 9 10 4 5 6 2 3 1	7 8 9 10 4 5 6 2 3 1	7 8 9 10 4 5 6 2 3 1	7 8 9 10 4 5 6 2 3 1

Notes:

1	2	3	4	5	6	7	8	9	10
7 8 9 10 4 5 6 2 3 1	7 8 9 10 4 5 6 2 3 1	7 8 9 10 4 5 6 2 3 1	7 8 9 10 4 5 6 2 3 1	7 8 9 10 4 5 6 2 3 1	7 8 9 10 4 5 6 2 3 1	7 8 9 10 4 5 6 2 3 1	7 8 9 10 4 5 6 2 3 1	7 8 9 10 4 5 6 2 3 1	7 8 9 10 4 5 6 2 3 1

Notes:

Date
Handicap
Average

Lane
Ball

Notes:

	1	2	3	4	5	6	7	8	9	10

Notes:

	1	2	3	4	5	6	7	8	9	10

Notes:

	1	2	3	4	5	6	7	8	9	10

Notes:

	1	2	3	4	5	6	7	8	9	10

Notes:

	1	2	3	4	5	6	7	8	9	10

Notes:

Date
Handicap
Average

Lane
Ball

Notes:

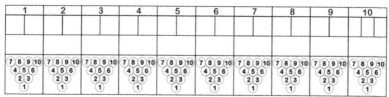

Notes:

Notes:

Notes:

Notes:

Notes:

Date
Handicap
Average

Lane
Ball

Notes:

1	2	3	4	5	6	7	8	9	10
7 8 9 10 / 4 5 6 / 2 3 / 1	7 8 9 10 / 4 5 6 / 2 3 / 1	7 8 9 10 / 4 5 6 / 2 3 / 1	7 8 9 10 / 4 5 6 / 2 3 / 1	7 8 9 10 / 4 5 6 / 2 3 / 1	7 8 9 10 / 4 5 6 / 2 3 / 1	7 8 9 10 / 4 5 6 / 2 3 / 1	7 8 9 10 / 4 5 6 / 2 3 / 1	7 8 9 10 / 4 5 6 / 2 3 / 1	7 8 9 10 / 4 5 6 / 2 3 / 1

Notes:

1	2	3	4	5	6	7	8	9	10
7 8 9 10 / 4 5 6 / 2 3 / 1	7 8 9 10 / 4 5 6 / 2 3 / 1	7 8 9 10 / 4 5 6 / 2 3 / 1	7 8 9 10 / 4 5 6 / 2 3 / 1	7 8 9 10 / 4 5 6 / 2 3 / 1	7 8 9 10 / 4 5 6 / 2 3 / 1	7 8 9 10 / 4 5 6 / 2 3 / 1	7 8 9 10 / 4 5 6 / 2 3 / 1	7 8 9 10 / 4 5 6 / 2 3 / 1	7 8 9 10 / 4 5 6 / 2 3 / 1

Notes:

1	2	3	4	5	6	7	8	9	10
7 8 9 10 / 4 5 6 / 2 3 / 1	7 8 9 10 / 4 5 6 / 2 3 / 1	7 8 9 10 / 4 5 6 / 2 3 / 1	7 8 9 10 / 4 5 6 / 2 3 / 1	7 8 9 10 / 4 5 6 / 2 3 / 1	7 8 9 10 / 4 5 6 / 2 3 / 1	7 8 9 10 / 4 5 6 / 2 3 / 1	7 8 9 10 / 4 5 6 / 2 3 / 1	7 8 9 10 / 4 5 6 / 2 3 / 1	7 8 9 10 / 4 5 6 / 2 3 / 1

Notes:

1	2	3	4	5	6	7	8	9	10
7 8 9 10 / 4 5 6 / 2 3 / 1	7 8 9 10 / 4 5 6 / 2 3 / 1	7 8 9 10 / 4 5 6 / 2 3 / 1	7 8 9 10 / 4 5 6 / 2 3 / 1	7 8 9 10 / 4 5 6 / 2 3 / 1	7 8 9 10 / 4 5 6 / 2 3 / 1	7 8 9 10 / 4 5 6 / 2 3 / 1	7 8 9 10 / 4 5 6 / 2 3 / 1	7 8 9 10 / 4 5 6 / 2 3 / 1	7 8 9 10 / 4 5 6 / 2 3 / 1

Notes:

1	2	3	4	5	6	7	8	9	10
7 8 9 10 / 4 5 6 / 2 3 / 1	7 8 9 10 / 4 5 6 / 2 3 / 1	7 8 9 10 / 4 5 6 / 2 3 / 1	7 8 9 10 / 4 5 6 / 2 3 / 1	7 8 9 10 / 4 5 6 / 2 3 / 1	7 8 9 10 / 4 5 6 / 2 3 / 1	7 8 9 10 / 4 5 6 / 2 3 / 1	7 8 9 10 / 4 5 6 / 2 3 / 1	7 8 9 10 / 4 5 6 / 2 3 / 1	7 8 9 10 / 4 5 6 / 2 3 / 1

Notes:

Date
Handicap
Average

Lane
Ball

Notes:

1	2	3	4	5	6	7	8	9	10
⑦⑧⑨⑩ ④⑤⑥ ②③ ①	⑦⑧⑨⑩ ④⑤⑥ ②③ ①	⑦⑧⑨⑩ ④⑤⑥ ②③ ①	⑦⑧⑨⑩ ④⑤⑥ ②③ ①	⑦⑧⑨⑩ ④⑤⑥ ②③ ①	⑦⑧⑨⑩ ④⑤⑥ ②③ ①	⑦⑧⑨⑩ ④⑤⑥ ②③ ①	⑦⑧⑨⑩ ④⑤⑥ ②③ ①	⑦⑧⑨⑩ ④⑤⑥ ②③ ①	⑦⑧⑨⑩ ④⑤⑥ ②③ ①

Notes:

1	2	3	4	5	6	7	8	9	10
⑦⑧⑨⑩ ④⑤⑥ ②③ ①	⑦⑧⑨⑩ ④⑤⑥ ②③ ①	⑦⑧⑨⑩ ④⑤⑥ ②③ ①	⑦⑧⑨⑩ ④⑤⑥ ②③ ①	⑦⑧⑨⑩ ④⑤⑥ ②③ ①	⑦⑧⑨⑩ ④⑤⑥ ②③ ①	⑦⑧⑨⑩ ④⑤⑥ ②③ ①	⑦⑧⑨⑩ ④⑤⑥ ②③ ①	⑦⑧⑨⑩ ④⑤⑥ ②③ ①	⑦⑧⑨⑩ ④⑤⑥ ②③ ①

Notes:

1	2	3	4	5	6	7	8	9	10
⑦⑧⑨⑩ ④⑤⑥ ②③ ①	⑦⑧⑨⑩ ④⑤⑥ ②③ ①	⑦⑧⑨⑩ ④⑤⑥ ②③ ①	⑦⑧⑨⑩ ④⑤⑥ ②③ ①	⑦⑧⑨⑩ ④⑤⑥ ②③ ①	⑦⑧⑨⑩ ④⑤⑥ ②③ ①	⑦⑧⑨⑩ ④⑤⑥ ②③ ①	⑦⑧⑨⑩ ④⑤⑥ ②③ ①	⑦⑧⑨⑩ ④⑤⑥ ②③ ①	⑦⑧⑨⑩ ④⑤⑥ ②③ ①

Notes:

1	2	3	4	5	6	7	8	9	10
⑦⑧⑨⑩ ④⑤⑥ ②③ ①	⑦⑧⑨⑩ ④⑤⑥ ②③ ①	⑦⑧⑨⑩ ④⑤⑥ ②③ ①	⑦⑧⑨⑩ ④⑤⑥ ②③ ①	⑦⑧⑨⑩ ④⑤⑥ ②③ ①	⑦⑧⑨⑩ ④⑤⑥ ②③ ①	⑦⑧⑨⑩ ④⑤⑥ ②③ ①	⑦⑧⑨⑩ ④⑤⑥ ②③ ①	⑦⑧⑨⑩ ④⑤⑥ ②③ ①	⑦⑧⑨⑩ ④⑤⑥ ②③ ①

Notes:

1	2	3	4	5	6	7	8	9	10
⑦⑧⑨⑩ ④⑤⑥ ②③ ①	⑦⑧⑨⑩ ④⑤⑥ ②③ ①	⑦⑧⑨⑩ ④⑤⑥ ②③ ①	⑦⑧⑨⑩ ④⑤⑥ ②③ ①	⑦⑧⑨⑩ ④⑤⑥ ②③ ①	⑦⑧⑨⑩ ④⑤⑥ ②③ ①	⑦⑧⑨⑩ ④⑤⑥ ②③ ①	⑦⑧⑨⑩ ④⑤⑥ ②③ ①	⑦⑧⑨⑩ ④⑤⑥ ②③ ①	⑦⑧⑨⑩ ④⑤⑥ ②③ ①

Notes:

Date
Handicap
Average

Lane
Ball

Notes:

___
___
___
___
___
___
___
___
___
___
___

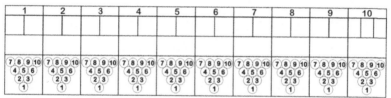

Date
Handicap
Average

Lane
Ball

Notes:

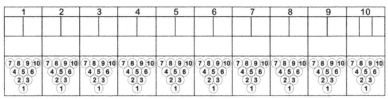

Date
Handicap
Average

Lane
Ball

Notes:

1	2	3	4	5	6	7	8	9	10

Notes:

1	2	3	4	5	6	7	8	9	10

Notes:

1	2	3	4	5	6	7	8	9	10

Notes:

1	2	3	4	5	6	7	8	9	10

Notes:

1	2	3	4	5	6	7	8	9	10

Notes:

Date
Handicap
Average

Lane
Ball

Notes:

1	2	3	4	5	6	7	8	9	10

Notes:

1	2	3	4	5	6	7	8	9	10

Notes:

1	2	3	4	5	6	7	8	9	10

Notes:

1	2	3	4	5	6	7	8	9	10

Notes:

1	2	3	4	5	6	7	8	9	10

Notes:

Date
Handicap
Average

Lane
Ball

Notes:

1	2	3	4	5	6	7	8	9	10

Notes:

1	2	3	4	5	6	7	8	9	10

Notes:

1	2	3	4	5	6	7	8	9	10

Notes:

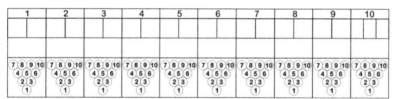

Notes:

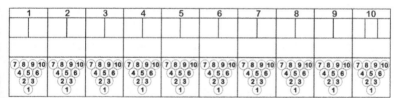

Notes:

Date
Handicap
Average

Lane
Ball

Notes:

1	2	3	4	5	6	7	8	9	10

Notes:

1	2	3	4	5	6	7	8	9	10

Notes:

1	2	3	4	5	6	7	8	9	10

Notes:

1	2	3	4	5	6	7	8	9	10

Notes:

1	2	3	4	5	6	7	8	9	10

Notes:

Date
Handicap
Average

Lane
Ball

Notes:

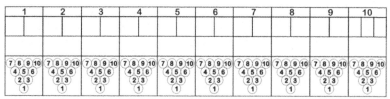

Date
Handicap
Average

Lane
Ball

Notes:

1	2	3	4	5	6	7	8	9	10
⑦⑧⑨⑩ ④⑤⑥ ②③ ①	⑦⑧⑨⑩ ④⑤⑥ ②③ ①	⑦⑧⑨⑩ ④⑤⑥ ②③ ①	⑦⑧⑨⑩ ④⑤⑥ ②③ ①	⑦⑧⑨⑩ ④⑤⑥ ②③ ①	⑦⑧⑨⑩ ④⑤⑥ ②③ ①	⑦⑧⑨⑩ ④⑤⑥ ②③ ①	⑦⑧⑨⑩ ④⑤⑥ ②③ ①	⑦⑧⑨⑩ ④⑤⑥ ②③ ①	⑦⑧⑨⑩ ④⑤⑥ ②③ ①

Notes:

1	2	3	4	5	6	7	8	9	10
⑦⑧⑨⑩ ④⑤⑥ ②③ ①	⑦⑧⑨⑩ ④⑤⑥ ②③ ①	⑦⑧⑨⑩ ④⑤⑥ ②③ ①	⑦⑧⑨⑩ ④⑤⑥ ②③ ①	⑦⑧⑨⑩ ④⑤⑥ ②③ ①	⑦⑧⑨⑩ ④⑤⑥ ②③ ①	⑦⑧⑨⑩ ④⑤⑥ ②③ ①	⑦⑧⑨⑩ ④⑤⑥ ②③ ①	⑦⑧⑨⑩ ④⑤⑥ ②③ ①	⑦⑧⑨⑩ ④⑤⑥ ②③ ①

Notes:

1	2	3	4	5	6	7	8	9	10
⑦⑧⑨⑩ ④⑤⑥ ②③ ①	⑦⑧⑨⑩ ④⑤⑥ ②③ ①	⑦⑧⑨⑩ ④⑤⑥ ②③ ①	⑦⑧⑨⑩ ④⑤⑥ ②③ ①	⑦⑧⑨⑩ ④⑤⑥ ②③ ①	⑦⑧⑨⑩ ④⑤⑥ ②③ ①	⑦⑧⑨⑩ ④⑤⑥ ②③ ①	⑦⑧⑨⑩ ④⑤⑥ ②③ ①	⑦⑧⑨⑩ ④⑤⑥ ②③ ①	⑦⑧⑨⑩ ④⑤⑥ ②③ ①

Notes:

1	2	3	4	5	6	7	8	9	10
⑦⑧⑨⑩ ④⑤⑥ ②③ ①	⑦⑧⑨⑩ ④⑤⑥ ②③ ①	⑦⑧⑨⑩ ④⑤⑥ ②③ ①	⑦⑧⑨⑩ ④⑤⑥ ②③ ①	⑦⑧⑨⑩ ④⑤⑥ ②③ ①	⑦⑧⑨⑩ ④⑤⑥ ②③ ①	⑦⑧⑨⑩ ④⑤⑥ ②③ ①	⑦⑧⑨⑩ ④⑤⑥ ②③ ①	⑦⑧⑨⑩ ④⑤⑥ ②③ ①	⑦⑧⑨⑩ ④⑤⑥ ②③ ①

Notes:

1	2	3	4	5	6	7	8	9	10
⑦⑧⑨⑩ ④⑤⑥ ②③ ①	⑦⑧⑨⑩ ④⑤⑥ ②③ ①	⑦⑧⑨⑩ ④⑤⑥ ②③ ①	⑦⑧⑨⑩ ④⑤⑥ ②③ ①	⑦⑧⑨⑩ ④⑤⑥ ②③ ①	⑦⑧⑨⑩ ④⑤⑥ ②③ ①	⑦⑧⑨⑩ ④⑤⑥ ②③ ①	⑦⑧⑨⑩ ④⑤⑥ ②③ ①	⑦⑧⑨⑩ ④⑤⑥ ②③ ①	⑦⑧⑨⑩ ④⑤⑥ ②③ ①

Notes:

Date
Handicap
Average

Lane
Ball

Notes:

1	2	3	4	5	6	7	8	9	10

Notes:

1	2	3	4	5	6	7	8	9	10

Notes:

1	2	3	4	5	6	7	8	9	10

Notes:

1	2	3	4	5	6	7	8	9	10

Notes:

1	2	3	4	5	6	7	8	9	10

Notes:

Date
Handicap
Average

Lane
Ball

Notes:

1	2	3	4	5	6	7	8	9	10

Notes:

1	2	3	4	5	6	7	8	9	10

Notes:

1	2	3	4	5	6	7	8	9	10

Notes:

1	2	3	4	5	6	7	8	9	10

Notes:

1	2	3	4	5	6	7	8	9	10

Notes:

Date
Handicap
Average

Lane
Ball

Notes:

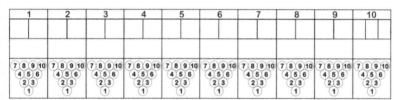

Notes:

Notes:

Notes:

Notes:

Notes:

Date
Handicap
Average

Lane
Ball

Notes:

1	2	3	4	5	6	7	8	9	10
7 8 9 10 4 5 6 2 3 1	7 8 9 10 4 5 6 2 3 1	7 8 9 10 4 5 6 2 3 1	7 8 9 10 4 5 6 2 3 1	7 8 9 10 4 5 6 2 3 1	7 8 9 10 4 5 6 2 3 1	7 8 9 10 4 5 6 2 3 1	7 8 9 10 4 5 6 2 3 1	7 8 9 10 4 5 6 2 3 1	7 8 9 10 4 5 6 2 3 1

Notes:

1	2	3	4	5	6	7	8	9	10
7 8 9 10 4 5 6 2 3 1	7 8 9 10 4 5 6 2 3 1	7 8 9 10 4 5 6 2 3 1	7 8 9 10 4 5 6 2 3 1	7 8 9 10 4 5 6 2 3 1	7 8 9 10 4 5 6 2 3 1	7 8 9 10 4 5 6 2 3 1	7 8 9 10 4 5 6 2 3 1	7 8 9 10 4 5 6 2 3 1	7 8 9 10 4 5 6 2 3 1

Notes:

1	2	3	4	5	6	7	8	9	10
7 8 9 10 4 5 6 2 3 1	7 8 9 10 4 5 6 2 3 1	7 8 9 10 4 5 6 2 3 1	7 8 9 10 4 5 6 2 3 1	7 8 9 10 4 5 6 2 3 1	7 8 9 10 4 5 6 2 3 1	7 8 9 10 4 5 6 2 3 1	7 8 9 10 4 5 6 2 3 1	7 8 9 10 4 5 6 2 3 1	7 8 9 10 4 5 6 2 3 1

Notes:

1	2	3	4	5	6	7	8	9	10
7 8 9 10 4 5 6 2 3 1	7 8 9 10 4 5 6 2 3 1	7 8 9 10 4 5 6 2 3 1	7 8 9 10 4 5 6 2 3 1	7 8 9 10 4 5 6 2 3 1	7 8 9 10 4 5 6 2 3 1	7 8 9 10 4 5 6 2 3 1	7 8 9 10 4 5 6 2 3 1	7 8 9 10 4 5 6 2 3 1	7 8 9 10 4 5 6 2 3 1

Notes:

1	2	3	4	5	6	7	8	9	10
7 8 9 10 4 5 6 2 3 1	7 8 9 10 4 5 6 2 3 1	7 8 9 10 4 5 6 2 3 1	7 8 9 10 4 5 6 2 3 1	7 8 9 10 4 5 6 2 3 1	7 8 9 10 4 5 6 2 3 1	7 8 9 10 4 5 6 2 3 1	7 8 9 10 4 5 6 2 3 1	7 8 9 10 4 5 6 2 3 1	7 8 9 10 4 5 6 2 3 1

Notes:

Date
Handicap
Average

Lane
Ball

Notes:

1	2	3	4	5	6	7	8	9	10

Notes:

1	2	3	4	5	6	7	8	9	10

Notes:

1	2	3	4	5	6	7	8	9	10

Notes:

1	2	3	4	5	6	7	8	9	10

Notes:

1	2	3	4	5	6	7	8	9	10

Notes:

Date
Handicap
Average

Lane
Ball

Notes:

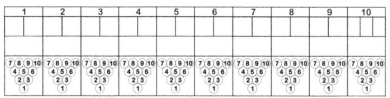

Date
Handicap
Average

Lane
Ball

Notes:

1	2	3	4	5	6	7	8	9	10
⑦⑧⑨⑩ ④⑤⑥ ②③ ①	⑦⑧⑨⑩ ④⑤⑥ ②③ ①	⑦⑧⑨⑩ ④⑤⑥ ②③ ①	⑦⑧⑨⑩ ④⑤⑥ ②③ ①	⑦⑧⑨⑩ ④⑤⑥ ②③ ①	⑦⑧⑨⑩ ④⑤⑥ ②③ ①	⑦⑧⑨⑩ ④⑤⑥ ②③ ①	⑦⑧⑨⑩ ④⑤⑥ ②③ ①	⑦⑧⑨⑩ ④⑤⑥ ②③ ①	⑦⑧⑨⑩ ④⑤⑥ ②③ ①

Notes:

1	2	3	4	5	6	7	8	9	10
⑦⑧⑨⑩ ④⑤⑥ ②③ ①	⑦⑧⑨⑩ ④⑤⑥ ②③ ①	⑦⑧⑨⑩ ④⑤⑥ ②③ ①	⑦⑧⑨⑩ ④⑤⑥ ②③ ①	⑦⑧⑨⑩ ④⑤⑥ ②③ ①	⑦⑧⑨⑩ ④⑤⑥ ②③ ①	⑦⑧⑨⑩ ④⑤⑥ ②③ ①	⑦⑧⑨⑩ ④⑤⑥ ②③ ①	⑦⑧⑨⑩ ④⑤⑥ ②③ ①	⑦⑧⑨⑩ ④⑤⑥ ②③ ①

Notes:

1	2	3	4	5	6	7	8	9	10
⑦⑧⑨⑩ ④⑤⑥ ②③ ①	⑦⑧⑨⑩ ④⑤⑥ ②③ ①	⑦⑧⑨⑩ ④⑤⑥ ②③ ①	⑦⑧⑨⑩ ④⑤⑥ ②③ ①	⑦⑧⑨⑩ ④⑤⑥ ②③ ①	⑦⑧⑨⑩ ④⑤⑥ ②③ ①	⑦⑧⑨⑩ ④⑤⑥ ②③ ①	⑦⑧⑨⑩ ④⑤⑥ ②③ ①	⑦⑧⑨⑩ ④⑤⑥ ②③ ①	⑦⑧⑨⑩ ④⑤⑥ ②③ ①

Notes:

1	2	3	4	5	6	7	8	9	10
⑦⑧⑨⑩ ④⑤⑥ ②③ ①	⑦⑧⑨⑩ ④⑤⑥ ②③ ①	⑦⑧⑨⑩ ④⑤⑥ ②③ ①	⑦⑧⑨⑩ ④⑤⑥ ②③ ①	⑦⑧⑨⑩ ④⑤⑥ ②③ ①	⑦⑧⑨⑩ ④⑤⑥ ②③ ①	⑦⑧⑨⑩ ④⑤⑥ ②③ ①	⑦⑧⑨⑩ ④⑤⑥ ②③ ①	⑦⑧⑨⑩ ④⑤⑥ ②③ ①	⑦⑧⑨⑩ ④⑤⑥ ②③ ①

Notes:

1	2	3	4	5	6	7	8	9	10
⑦⑧⑨⑩ ④⑤⑥ ②③ ①	⑦⑧⑨⑩ ④⑤⑥ ②③ ①	⑦⑧⑨⑩ ④⑤⑥ ②③ ①	⑦⑧⑨⑩ ④⑤⑥ ②③ ①	⑦⑧⑨⑩ ④⑤⑥ ②③ ①	⑦⑧⑨⑩ ④⑤⑥ ②③ ①	⑦⑧⑨⑩ ④⑤⑥ ②③ ①	⑦⑧⑨⑩ ④⑤⑥ ②③ ①	⑦⑧⑨⑩ ④⑤⑥ ②③ ①	⑦⑧⑨⑩ ④⑤⑥ ②③ ①

Notes:

Date
Handicap
Average

Lane
Ball

Notes:

1	2	3	4	5	6	7	8	9	10

Notes:

1	2	3	4	5	6	7	8	9	10

Notes:

1	2	3	4	5	6	7	8	9	10

Notes:

1	2	3	4	5	6	7	8	9	10

Notes:

1	2	3	4	5	6	7	8	9	10

Notes:

Date
Handicap
Average

Lane
Ball

Notes:

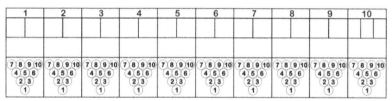

Date
Handicap
Average

Lane
Ball

Notes:

1	2	3	4	5	6	7	8	9	10

Notes:

1	2	3	4	5	6	7	8	9	10

Notes:

1	2	3	4	5	6	7	8	9	10

Notes:

1	2	3	4	5	6	7	8	9	10

Notes:

1	2	3	4	5	6	7	8	9	10

Notes:

Date
Handicap
Average

Lane
Ball

Notes:

1	2	3	4	5	6	7	8	9	10

Notes:

1	2	3	4	5	6	7	8	9	10

Notes:

1	2	3	4	5	6	7	8	9	10

Notes:

1	2	3	4	5	6	7	8	9	10

Notes:

1	2	3	4	5	6	7	8	9	10

Notes:

Date
Handicap
Average

Lane
Ball

Notes:

1	2	3	4	5	6	7	8	9	10

Notes:

1	2	3	4	5	6	7	8	9	10

Notes:

1	2	3	4	5	6	7	8	9	10

Notes:

1	2	3	4	5	6	7	8	9	10

Notes:

1	2	3	4	5	6	7	8	9	10

Notes:

Date
Handicap
Average

Lane
Ball

Notes:

	1	2	3	4	5	6	7	8	9	10

Notes:

	1	2	3	4	5	6	7	8	9	10

Notes:

	1	2	3	4	5	6	7	8	9	10

Notes:

	1	2	3	4	5	6	7	8	9	10

Notes:

	1	2	3	4	5	6	7	8	9	10

Notes:

Date
Handicap
Average

Lane
Ball

Notes:

1	2	3	4	5	6	7	8	9	10

Notes:

1	2	3	4	5	6	7	8	9	10

Notes:

1	2	3	4	5	6	7	8	9	10

Notes:

1	2	3	4	5	6	7	8	9	10

Notes:

1	2	3	4	5	6	7	8	9	10

Notes:

Date
Handicap
Average

Lane
Ball

Notes:

1	2	3	4	5	6	7	8	9	10

Notes:

1	2	3	4	5	6	7	8	9	10

Notes:

1	2	3	4	5	6	7	8	9	10

Notes:

1	2	3	4	5	6	7	8	9	10

Notes:

1	2	3	4	5	6	7	8	9	10

Notes:

Date
Handicap
Average

Lane
Ball

Notes:

1	2	3	4	5	6	7	8	9	10

Notes:

1	2	3	4	5	6	7	8	9	10

Notes:

1	2	3	4	5	6	7	8	9	10

Notes:

1	2	3	4	5	6	7	8	9	10

Notes:

1	2	3	4	5	6	7	8	9	10

Notes:

Date
Handicap
Average

Lane
Ball

Notes:

1	2	3	4	5	6	7	8	9	10

Notes:

1	2	3	4	5	6	7	8	9	10

Notes:

1	2	3	4	5	6	7	8	9	10

Notes:

1	2	3	4	5	6	7	8	9	10

Notes:

1	2	3	4	5	6	7	8	9	10

Notes:

Date
Handicap
Average

Lane
Ball

Notes:

1	2	3	4	5	6	7	8	9	10

Notes:

1	2	3	4	5	6	7	8	9	10

Notes:

1	2	3	4	5	6	7	8	9	10

Notes:

1	2	3	4	5	6	7	8	9	10

Notes:

1	2	3	4	5	6	7	8	9	10

Notes:

Date
Handicap
Average

Lane
Ball

Notes:

1	2	3	4	5	6	7	8	9	10

Notes:

1	2	3	4	5	6	7	8	9	10

Notes:

1	2	3	4	5	6	7	8	9	10

Notes:

1	2	3	4	5	6	7	8	9	10

Notes:

1	2	3	4	5	6	7	8	9	10

Notes:

Date
Handicap
Average

Lane
Ball

Notes:

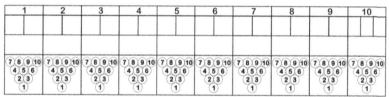

Notes:

Notes:

Notes:

Notes:

Notes:

Date
Handicap
Average

Lane
Ball

Notes:

1	2	3	4	5	6	7	8	9	10

Notes:

1	2	3	4	5	6	7	8	9	10

Notes:

1	2	3	4	5	6	7	8	9	10

Notes:

1	2	3	4	5	6	7	8	9	10

Notes:

1	2	3	4	5	6	7	8	9	10

Notes:

Date
Handicap
Average

Lane
Ball

Notes:

1	2	3	4	5	6	7	8	9	10

Notes:

1	2	3	4	5	6	7	8	9	10

Notes:

1	2	3	4	5	6	7	8	9	10

Notes:

1	2	3	4	5	6	7	8	9	10

Notes:

1	2	3	4	5	6	7	8	9	10

Notes:

Date
Handicap
Average

Lane
Ball

Notes:

1	2	3	4	5	6	7	8	9	10

Notes:

1	2	3	4	5	6	7	8	9	10

Notes:

1	2	3	4	5	6	7	8	9	10

Notes:

1	2	3	4	5	6	7	8	9	10

Notes:

1	2	3	4	5	6	7	8	9	10

Notes:

Date
Handicap
Average

Lane
Ball

Notes:

1	2	3	4	5	6	7	8	9	10
⑦⑧⑨⑩ ④⑤⑥ ②③ ①	⑦⑧⑨⑩ ④⑤⑥ ②③ ①	⑦⑧⑨⑩ ④⑤⑥ ②③ ①	⑦⑧⑨⑩ ④⑤⑥ ②③ ①	⑦⑧⑨⑩ ④⑤⑥ ②③ ①	⑦⑧⑨⑩ ④⑤⑥ ②③ ①	⑦⑧⑨⑩ ④⑤⑥ ②③ ①	⑦⑧⑨⑩ ④⑤⑥ ②③ ①	⑦⑧⑨⑩ ④⑤⑥ ②③ ①	⑦⑧⑨⑩ ④⑤⑥ ②③ ①

Notes:

1	2	3	4	5	6	7	8	9	10
⑦⑧⑨⑩ ④⑤⑥ ②③ ①	⑦⑧⑨⑩ ④⑤⑥ ②③ ①	⑦⑧⑨⑩ ④⑤⑥ ②③ ①	⑦⑧⑨⑩ ④⑤⑥ ②③ ①	⑦⑧⑨⑩ ④⑤⑥ ②③ ①	⑦⑧⑨⑩ ④⑤⑥ ②③ ①	⑦⑧⑨⑩ ④⑤⑥ ②③ ①	⑦⑧⑨⑩ ④⑤⑥ ②③ ①	⑦⑧⑨⑩ ④⑤⑥ ②③ ①	⑦⑧⑨⑩ ④⑤⑥ ②③ ①

Notes:

1	2	3	4	5	6	7	8	9	10
⑦⑧⑨⑩ ④⑤⑥ ②③ ①	⑦⑧⑨⑩ ④⑤⑥ ②③ ①	⑦⑧⑨⑩ ④⑤⑥ ②③ ①	⑦⑧⑨⑩ ④⑤⑥ ②③ ①	⑦⑧⑨⑩ ④⑤⑥ ②③ ①	⑦⑧⑨⑩ ④⑤⑥ ②③ ①	⑦⑧⑨⑩ ④⑤⑥ ②③ ①	⑦⑧⑨⑩ ④⑤⑥ ②③ ①	⑦⑧⑨⑩ ④⑤⑥ ②③ ①	⑦⑧⑨⑩ ④⑤⑥ ②③ ①

Notes:

1	2	3	4	5	6	7	8	9	10
⑦⑧⑨⑩ ④⑤⑥ ②③ ①	⑦⑧⑨⑩ ④⑤⑥ ②③ ①	⑦⑧⑨⑩ ④⑤⑥ ②③ ①	⑦⑧⑨⑩ ④⑤⑥ ②③ ①	⑦⑧⑨⑩ ④⑤⑥ ②③ ①	⑦⑧⑨⑩ ④⑤⑥ ②③ ①	⑦⑧⑨⑩ ④⑤⑥ ②③ ①	⑦⑧⑨⑩ ④⑤⑥ ②③ ①	⑦⑧⑨⑩ ④⑤⑥ ②③ ①	⑦⑧⑨⑩ ④⑤⑥ ②③ ①

Notes:

1	2	3	4	5	6	7	8	9	10
⑦⑧⑨⑩ ④⑤⑥ ②③ ①	⑦⑧⑨⑩ ④⑤⑥ ②③ ①	⑦⑧⑨⑩ ④⑤⑥ ②③ ①	⑦⑧⑨⑩ ④⑤⑥ ②③ ①	⑦⑧⑨⑩ ④⑤⑥ ②③ ①	⑦⑧⑨⑩ ④⑤⑥ ②③ ①	⑦⑧⑨⑩ ④⑤⑥ ②③ ①	⑦⑧⑨⑩ ④⑤⑥ ②③ ①	⑦⑧⑨⑩ ④⑤⑥ ②③ ①	⑦⑧⑨⑩ ④⑤⑥ ②③ ①

Notes:

Date
Handicap
Average

Lane
Ball

Notes:

1	2	3	4	5	6	7	8	9	10

Notes:

1	2	3	4	5	6	7	8	9	10

Notes:

1	2	3	4	5	6	7	8	9	10

Notes:

1	2	3	4	5	6	7	8	9	10

Notes:

1	2	3	4	5	6	7	8	9	10

Notes:

Date
Handicap
Average

Lane
Ball

Notes:

_____
_____
_____
_____
_____
_____
_____
_____
_____
_____
_____
_____

1	2	3	4	5	6	7	8	9	10

Notes:

1	2	3	4	5	6	7	8	9	10

Notes:

1	2	3	4	5	6	7	8	9	10

Notes:

1	2	3	4	5	6	7	8	9	10

Notes:

1	2	3	4	5	6	7	8	9	10

Notes:

Date
Handicap
Average

Lane
Ball

Notes:

1	2	3	4	5	6	7	8	9	10

Notes:

1	2	3	4	5	6	7	8	9	10

Notes:

1	2	3	4	5	6	7	8	9	10

Notes:

1	2	3	4	5	6	7	8	9	10

Notes:

1	2	3	4	5	6	7	8	9	10

Notes:

Date
Handicap
Average

Lane
Ball

Notes:

1	2	3	4	5	6	7	8	9	10

Notes:

1	2	3	4	5	6	7	8	9	10

Notes:

1	2	3	4	5	6	7	8	9	10

Notes:

1	2	3	4	5	6	7	8	9	10

Notes:

1	2	3	4	5	6	7	8	9	10

Notes:

Date
Handicap
Average

Lane
Ball

Notes:

Notes:

Notes:

Notes:

Notes:

Notes:

Bowling Equipment List

Made in the USA
Monee, IL
27 January 2023